ste libro está creado y desarrollado por Mirlo Desolado, seudónimo del autor.

Espero que te ayude en tus propósitos. ¡Ánimo!

Contenido

1. Introducción

1.1. Presentación del libro

¡Bienvenidos al libro "Millennial Money: Cómo tomar el control de tus finanzas personales"! Este libro ha sido diseñado especialmente para ayudar a los millennials a manejar sus finanzas personales de manera efectiva.

En la sección de introducción, queremos presentarles el libro y darles una idea de lo que pueden esperar de él. **A lo largo de las siguientes páginas, aprenderás los conceptos básicos de las finanzas personales**, desde cómo establecer metas financieras efectivas hasta cómo proteger tus finanzas personales de fraude y robo de identidad.

Es importante que los millennials comprendan la importancia de controlar sus finanzas personales desde temprana edad, ya que esto les permitirá alcanzar la independencia financiera en el futuro y tener una vida financiera saludable.

Este libro está diseñado para guiarte paso a paso en el camino hacia el control de tus finanzas personales, y cada sección ha sido diseñada para brindarte los conocimientos y herramientas necesarios para lograrlo. Desde establecer metas financieras realistas y efectivas hasta elaborar un presupuesto personal y aprender a invertir para el futuro, este libro tiene todo lo que necesitas para tomar el control de tus finanzas personales.

Esperamos que disfrutes leyendo este libro tanto como nosotros disfrutamos creándolo para ti. ¡Comencemos juntos este viaje hacia la libertad financiera!

1.2. ¿Por qué las finanzas personales son importantes para los millennials?

A diferencia de las generaciones anteriores, los millennials (personas nacidas entre 1981 y 1996) han crecido en un mundo en el que la tecnología y la información están al alcance de sus manos. Sin embargo, esta facilidad de acceso a la información no siempre se extiende al ámbito de las finanzas personales. Es por eso que muchos millennials tienen **dificultades para manejar su dinero y establecer una base financiera sólida.**

Es fundamental que los millennials entiendan la importancia de tener un control adecuado de sus finanzas personales, ya que esto les permitirá lograr sus metas y sueños a largo plazo. **No tener una base financiera sólida puede llevar a situaciones de estrés y preocupación constante**, lo que a su vez puede afectar la salud física y mental.

Además, tener un control adecuado de las finanzas personales también puede permitir a los millennials **tener más libertad y flexibilidad en su vida diaria.** Al establecer metas financieras realistas y alcanzables, pueden tener un mayor control sobre sus gastos y decisiones financieras. Esto puede llevar a una mayor sensación de seguridad financiera y libertad para tomar decisiones importantes, como cambiar de trabajo o empezar un negocio propio.

En resumen, **las finanzas personales son importantes** para los millennials porque les permiten tener un control adecuado de su dinero, lograr sus metas a largo plazo y tener más libertad y flexibilidad en su vida diaria. En este libro, encontrarás las herramientas y consejos necesarios para tomar el control de tus finanzas personales y alcanzar la seguridad financiera que deseas.

2. ¿Cómo establecer metas financieras efectivas?

La clave para tomar el control de tus finanzas personales es **establecer metas financieras efectivas.** Saber lo que quieres lograr a corto y largo plazo te ayudará a definir los pasos necesarios para alcanzar tus objetivos. Identificar tus metas financieras es el primer paso para crear un plan financiero sólido y alcanzable.

Es importante que las metas que establezcas sean realistas y alcanzables. Muchas personas cometen el error de establecer metas demasiado ambiciosas, lo que puede llevar a la frustración y la desmotivación. Por eso, **es fundamental que definas metas que sean específicas, medibles, alcanzables, relevantes y con un plazo definido.**

Una vez que hayas identificado tus metas financieras, es momento de crear un plan de acción. Esto te ayudará a definir los pasos específicos que debes seguir para alcanzar tus objetivos. Tu plan de acción debe ser detallado y específico, con plazos y objetivos claros. De esta forma, **podrás medir tu progreso y realizar ajustes en el camino si es necesario.**

2.1. Identificar tus objetivos a corto y largo plazo

En este apartado abordaremos la importancia de **establecer objetivos financieros a corto y largo plazo** para tener un mejor control de nuestras finanzas personales.

Identificar nuestros objetivos financieros nos permite visualizar lo que queremos lograr y enfocarnos en trabajar para conseguirlo. Para ello, es importante tener en cuenta dos tipos de objetivos: **los objetivos a corto plazo,** que son aquellos que queremos lograr en un plazo de tiempo menor a un año, y

los objetivos a largo plazo, que son aquellos que deseamos alcanzar en un plazo de tiempo mayor a un año.

Para identificar nuestros objetivos financieros a corto y largo plazo, **podemos comenzar por hacernos algunas preguntas importantes:** ¿Qué es lo que quiero lograr financieramente en el corto plazo? ¿Cuáles son mis prioridades financieras en este momento? ¿Qué tipo de vida financiera quiero tener a largo plazo? ¿Cuáles son mis objetivos de ahorro e inversión a largo plazo?

Una vez que tengamos claridad en nuestras respuestas, podemos **comenzar a establecer nuestros objetivos financieros**, siempre teniendo en cuenta que estos deben ser específicos, medibles, realistas y alcanzables. Por ejemplo, si nuestro objetivo financiero a corto plazo es ahorrar para pagar nuestras vacaciones de verano, es importante establecer una cantidad concreta de dinero que deseamos ahorrar y un plazo de tiempo para conseguirlo.

En cuanto a **los objetivos financieros a largo plazo**, es importante pensar en el futuro y visualizar lo que queremos alcanzar en el largo plazo, como puede ser la compra de una vivienda, la creación de un negocio propio o la planificación de nuestra jubilación. Estos objetivos pueden requerir de un mayor esfuerzo de ahorro e inversión a largo plazo, pero con una planificación adecuada y un compromiso constante, podemos alcanzarlos.

En resumen, **identificar nuestros objetivos financieros a corto y largo plazo es importante** para tener un mejor control de nuestras finanzas personales y trabajar de manera eficiente en su logro. En el siguiente apartado, veremos cómo establecer metas financieras realistas y alcanzables para tener éxito en su consecución.

2.2. Establecer metas financieras realistas y alcanzables

Para establecer metas financieras efectivas, es importante que sean realistas y alcanzables. Una meta financiera que no sea realista, como por ejemplo ganar un millón de dólares en un año sin ningún plan sólido, no sólo es poco realista, sino que también puede ser desalentadora cuando no se alcanza. Por lo tanto, es **importante establecer metas financieras que sean factibles y al mismo tiempo desafiantes.**

Una manera efectiva de establecer metas financieras es dividirlas en objetivos a corto y largo plazo. Por ejemplo, un objetivo a corto plazo podría ser ahorrar suficiente dinero para pagar las vacaciones de verano del próximo año, mientras que un objetivo a largo plazo podría ser ahorrar suficiente dinero para la jubilación.

Otro punto importante a considerar al establecer **metas financieras es asegurarse de que estén alineadas con los valores y prioridades personales.** Por ejemplo, si uno valora la educación superior, puede establecer una meta financiera para ahorrar para la universidad. Si uno valora la libertad financiera, puede establecer una meta financiera para pagar todas las deudas y ahorrar para invertir en el futuro.

Una vez que se han establecido metas financieras realistas y alineadas con los valores personales, **es importante crear un plan de acción para lograrlas.** Esto podría incluir hacer ajustes en el presupuesto actual para permitir más ahorros, buscar oportunidades de trabajo adicional para aumentar los ingresos, o buscar maneras de reducir los gastos innecesarios. Además, es importante hacer un seguimiento regular del progreso hacia las metas establecidas para asegurarse de que se están logrando y hacer ajustes según sea necesario.

En resumen, **establecer metas financieras realistas y alcanzables es fundamental** para tomar el control de tus finanzas personales. Al dividir las metas en objetivos a corto y largo plazo, asegurarse de que están alineadas con los valores personales y crear un plan de acción para lograrlas, estarás en el camino correcto para alcanzar la libertad financiera y la seguridad en el futuro.

2.3. Crear un plan de acción para lograr tus objetivos financieros

En esta sección, **aprenderás cómo crear un plan de acción efectivo para lograr tus objetivos financieros.** Una vez que hayas identificado tus metas financieras a corto y largo plazo, es importante establecer un plan de acción claro y específico que te permita alcanzarlas de manera efectiva.

Para crear un plan de acción, es fundamental **definir acciones concretas y plazos realistas para cada objetivo.** De esta forma, podrás evaluar tu progreso y realizar ajustes en caso de ser necesario. Es importante ser realista y tener en cuenta tus ingresos, gastos y otros compromisos financieros al establecer tus metas y plazos.

Además, es recomendable **priorizar tus metas financieras en función de su importancia y urgencia.** En ocasiones, es posible que tengas que renunciar a algunas metas a corto plazo para poder alcanzar otras a largo plazo. Por ejemplo, puede que desees ahorrar para un viaje o una compra importante, pero también necesites pagar tus deudas y aumentar tus ahorros para la jubilación.

Otro aspecto importante en la creación de un plan de acción es la **identificación de posibles obstáculos y la elaboración de estrategias para superarlos.** Puede que surjan imprevistos o cambios en tus circunstancias financieras que afecten tu capacidad de cumplir tus objetivos. En estos casos, es fundamental tener un plan de contingencia y estar dispuesto a hacer ajustes en tu plan de acción.

Por último, es importante hacer un seguimiento regular de tu progreso y ajustar tu plan de acción según sea necesario. **Realizar un seguimiento te permitirá evaluar cómo estás progresando** hacia tus objetivos financieros y hacer los cambios necesarios en caso de ser necesario. Además, también te permitirá celebrar tus logros y mantenerte motivado para continuar en el camino hacia la libertad financiera.

Recuerda que establecer **un plan de acción efectivo es clave para lograr tus metas financieras.** Si bien puede requerir un poco de tiempo y esfuerzo, los beneficios de tomar el control de tus finanzas personales y lograr tus objetivos financieros son invaluables.

3. ¿Cómo elaborar un presupuesto personal?

Elaborar un presupuesto personal es una de las claves fundamentales para llevar un control efectivo de nuestras finanzas. A través de un presupuesto, **podemos identificar nuestros gastos, ingresos y establecer límites** a nuestra manera de consumir, lo que nos permite alcanzar nuestras metas financieras a largo plazo.

Es importante tener en cuenta que un presupuesto no tiene que ser complicado ni tedioso de elaborar. En realidad, es una herramienta muy sencilla que puede ayudarnos a tomar decisiones más informadas sobre nuestros gastos y ahorros. Al conocer nuestro flujo de efectivo, podremos **determinar cuánto podemos gastar en cada categoría**, como alimentación, transporte, ocio, entre otros, sin comprometer nuestro bienestar financiero.

En este apartado, aprenderás paso a paso cómo elaborar un presupuesto personal, así como la importancia de mantenerlo actualizado y ajustarlo según tus necesidades y metas financieras. Además, **te ofreceremos algunas herramientas y aplicaciones útiles** para crear y seguir tu presupuesto de manera efectiva. ¡Comencemos a tomar control de tus finanzas personales con un presupuesto sólido y bien estructurado!

3.1. ¿Por qué es importante elaborar un presupuesto?

Elaborar un presupuesto personal puede ser un proceso abrumador y tedioso, pero **es una herramienta crucial para llevar un control eficaz de tus finanzas personales.** Saber exactamente cuánto dinero entra y sale de tu cuenta bancaria cada mes te permite tomar decisiones informadas sobre tus gastos y ahorros, y te ayuda a mantener tus finanzas en orden.

El presupuesto también te permite **identificar las áreas en las que estás gastando demasiado dinero** y te ayuda a tomar medidas para reducir tus gastos y mejorar tus hábitos de consumo. Al tener una visión clara de tus ingresos y gastos, puedes establecer metas financieras realistas y alcanzables para el corto y largo plazo.

Además, **elaborar un presupuesto te ayuda a prepararte para imprevistos financieros**, como reparaciones en el hogar, gastos médicos o pérdida de empleo. Si tienes una reserva financiera adecuada y una comprensión clara de tus ingresos y gastos, estarás mejor equipado para enfrentar estas situaciones difíciles sin tener que recurrir a préstamos o endeudarte.

En resumen, elaborar un presupuesto personal es esencial para el control de tus finanzas personales y te permite tomar decisiones informadas sobre tus gastos y ahorros. **Te ayuda a establecer metas financieras y te prepara para posibles imprevistos financieros.** En la siguiente sección, te explicaremos cómo elaborar un presupuesto personal paso a paso.

3.2. ¿Cómo elaborar un presupuesto personal paso a paso?

Ahora vamos a centrarnos en cómo elaborar un presupuesto personal paso a paso. Aunque puede parecer complicado al principio, elaborar un presupuesto es una herramienta esencial para controlar tus finanzas personales y lograr tus metas financieras. **Sigue estos pasos** para elaborar un presupuesto personal efectivo:

1. **Identifica tus ingresos**: El primer paso para elaborar un presupuesto es identificar tus ingresos mensuales. Incluye todo el dinero que recibes, como el salario, ingresos por trabajos freelance, ingresos de inversión, etc. Es importante que identifiques todos tus ingresos para tener una visión clara de tu situación financiera.

2. **Calcula tus gastos fijos**: Los gastos fijos son aquellos que tienes que pagar todos los meses, como la renta o hipoteca, servicios públicos, seguros, etc. Identifica estos gastos y calcula el total que pagas cada mes. Es importante tener en cuenta que estos gastos son necesarios y deben ser pagados antes de cualquier otro gasto.

3. **Calcula tus gastos variables**: Los gastos variables son aquellos que pueden cambiar de mes a mes, como los gastos de alimentación, transporte, entretenimiento, etc. Para calcular estos gastos, revisa tus estados de cuenta bancarios y tarjetas de crédito para tener una idea clara de cuánto gastas en estos conceptos cada mes. Si tienes dificultades para recordar todo lo que gastas, considera llevar un registro durante un mes o dos para tener una idea más precisa de tus gastos.

4. **Suma tus ingresos y gastos**: Una vez que hayas identificado todos tus ingresos y gastos, suma ambos totales. Si tus ingresos son mayores que tus gastos, entonces estás en una buena posición financiera. Sin embargo, si tus gastos son mayores que tus ingresos, tendrás que buscar formas de reducir tus gastos o aumentar tus ingresos para equilibrar tu presupuesto

5. **Asigna categorías de gastos**: Para hacer un seguimiento más detallado de tus gastos, es útil asignar categorías a tus gastos. Por ejemplo, puedes categorizar tus gastos en alimentación, transporte, entretenimiento, etc. Esto te permitirá identificar en qué áreas puedes reducir tus gastos si es necesario.

6. **Ajusta tu presupuesto**: Una vez que hayas identificado tus ingresos y gastos, es posible que necesites ajustar tu presupuesto para lograr tus metas

financieras. Si descubres que estás gastando demasiado en una categoría, considera reducir esos gastos. Por otro lado, si tus ingresos no son suficientes para cubrir todos tus gastos, tendrás que buscar formas de aumentar tus ingresos o reducir tus gastos en otras áreas.

Recuerda que la elaboración de un presupuesto personal no solo te permitirá controlar tus gastos, sino también identificar oportunidades de ahorro y establecer metas financieras realistas. **Es importante que revises y actualices tu presupuesto de forma regular** para adaptarlo a los cambios en tus ingresos y gastos. Con un poco de disciplina y dedicación, podrás lograr una mayor estabilidad financiera y tomar el control de tus finanzas personales. ¡Empieza hoy mismo a elaborar tu presupuesto personal y toma el primer paso hacia la libertad financiera!

3.3. Herramientas y aplicaciones útiles para crear y seguir tu presupuesto

En esta sección, te presentaremos algunas de las herramientas y aplicaciones más útiles para crear y seguir tu presupuesto personal de manera efectiva. La buena noticia es que hay muchas opciones disponibles, y es probable que encuentres una que se adapte a tus necesidades y preferencias.

Una de las herramientas más populares para la gestión de presupuestos es Mint. Esta aplicación gratuita te permite sincronizar todas tus cuentas financieras en un solo lugar, lo que te facilita la tarea de hacer un seguimiento de tus ingresos y gastos. Además, puedes establecer objetivos financieros personalizados y recibir alertas cuando te acerques a tus límites de gasto. Mint también te ayuda a identificar patrones de gasto y ofrece sugerencias para ahorrar dinero.

Otra herramienta útil es YNAB (You Need a Budget). Esta aplicación te ayuda a crear un presupuesto personalizado y detallado para tu situación financiera específica. También te permite seguir tus gastos y ajustar tu presupuesto en consecuencia. YNAB ofrece una versión gratuita de prueba de 34 días, después de lo cual tendrás que pagar una tarifa mensual o anual.

Para aquellos que prefieren **las hojas de cálculo, Google Sheets o Microsoft Excel son opciones populares.** Hay plantillas de presupuesto disponibles en línea que puedes descargar y personalizar según tus necesidades. También puedes crear tu propia hoja de cálculo desde cero. La ventaja de usar una hoja de cálculo es que tienes un mayor control y personalización sobre tus presupuestos.

Finalmente, si prefieres llevar un registro de tus gastos en papel, **un diario de gastos puede ser una buena opción.** Puedes llevar un registro de tus ingresos y gastos diarios y hacer un seguimiento de tus objetivos de ahorro en un cuaderno o planificador personal. Aunque es menos automatizado que las opciones digitales, puede ser útil para aquellos que prefieren un método más tangible.

En resumen, **hay muchas opciones disponibles para ayudarte a crear y seguir tu presupuesto personal.** Ya sea que prefieras una aplicación digital o un método de papel, lo importante es encontrar lo que funcione mejor para ti y tu estilo de vida. Recuerda que establecer y seguir un presupuesto es una parte esencial de tomar el control de tus finanzas personales.

4. ¿Cómo ahorrar dinero?

Aprender a ahorrar dinero es una de las habilidades más importantes que cualquier persona puede tener. Sin embargo, puede parecer abrumador al principio, especialmente si nunca se ha hecho antes. Ahorrar dinero no tiene que ser doloroso o difícil, y hay muchas formas de hacerlo sin sacrificar tu calidad de vida.

La clave para ahorrar dinero es hacerlo de manera constante y sistemática, incluso si es solo una pequeña cantidad cada mes. No se trata solo de ahorrar para una gran compra o un evento importante, sino de crear hábitos financieros saludables que te ayuden a alcanzar tus metas a largo plazo.

En esta sección, **exploraremos algunas estrategias prácticas** para ahorrar dinero y cómo puedes aplicarlas a tu vida cotidiana. Desde ajustar tus gastos diarios hasta establecer objetivos financieros claros, descubrirás algunas técnicas útiles para mejorar tu situación financiera. Además, **te presentaremos algunas aplicaciones y herramientas en línea** que te ayudarán a gestionar tus finanzas de manera más eficiente y a tomar decisiones informadas para ahorrar dinero. ¡Empecemos a ahorrar juntos!

4.1. Técnicas y estrategias efectivas para ahorrar dinero

Ahorrar dinero es una habilidad importante que todos deberíamos tener. A veces puede parecer una tarea difícil, pero en realidad hay muchas técnicas y estrategias efectivas que podemos utilizar para ayudarnos a ahorrar dinero.

Una de las técnicas más populares es la técnica del ahorro automático. Esta técnica implica configurar una transferencia automática desde tu cuenta corriente a una cuenta de ahorros cada mes. De esta manera, no tienes que pensar en ahorrar, sino que el dinero se transfiere automáticamente a tu cuenta de ahorros. Además, al separar tu dinero en una cuenta de ahorros, reduces la tentación de gastarlo en cosas innecesarias.

Otra técnica efectiva es la de establecer metas de ahorro. Esto implica establecer una cantidad específica que quieres ahorrar cada mes o año y trabajar para alcanzar esa meta. Al establecer una meta de ahorro, puedes ajustar tu presupuesto y gastos para lograr esa meta. Además, ver el progreso hacia tu meta puede motivarte a seguir ahorrando.

También puedes utilizar **la técnica de comparar precios para ahorrar dinero**. Antes de comprar algo, investiga y compara precios en diferentes tiendas o sitios web. De esta manera, puedes encontrar el mejor precio y ahorrar dinero en tus compras. Además, siempre puedes buscar ofertas y promociones para ahorrar aún más.

Otra estrategia efectiva es la de reducir tus gastos. A menudo gastamos dinero en cosas que no son realmente necesarias. Por ejemplo, podrías reducir tus gastos en comer fuera o en entretenimiento, y en cambio, cocinar en casa y encontrar actividades gratuitas o más económicas. Al reducir tus gastos en áreas no esenciales, puedes ahorrar una cantidad significativa de dinero.

Por último, **otra técnica útil es la de crear un fondo de emergencia**. Un fondo de emergencia es una cantidad de dinero que se reserva para situaciones imprevistas, como una emergencia médica o una reparación de emergencia en el hogar. Al tener un fondo de emergencia, no tienes que recurrir a tarjetas de crédito u otros préstamos costosos, lo que puede ahorrarte mucho dinero en intereses.

En resumen, **hay muchas técnicas y estrategias efectivas para ahorrar dinero**. Desde la técnica del ahorro automático hasta la de comparar precios, reducir gastos y crear un fondo de emergencia, todas estas técnicas pueden ayudarte a ahorrar dinero y a mejorar tus finanzas personales.

4.2. ¿Cómo reducir tus gastos y controlar tus hábitos de consumo?

Reducir gastos y controlar los hábitos de consumo puede parecer difícil al principio, pero con algunas técnicas y estrategias simples, puedes hacerlo fácilmente y ahorrar una buena cantidad de dinero en el proceso. Aquí hay **algunas técnicas efectivas** para reducir gastos y controlar tus hábitos de consumo:

1. **Crea un presupuesto detallado**: La creación de un presupuesto detallado es esencial para reducir los gastos y controlar los hábitos de consumo. Anota todos los gastos que haces en un mes, y evalúa en qué áreas puedes recortar los gastos.

2. **Compra sólo lo que necesitas**: En lugar de comprar cosas por impulso o sólo porque están en oferta, piensa en lo que realmente necesitas. Hacer una lista antes de salir de compras te ayudará a mantenerte enfocado en las cosas que necesitas y a evitar comprar cosas innecesarias.

3. **Aprovecha las ofertas**: Las ofertas y promociones pueden ser excelentes maneras de ahorrar dinero, pero asegúrate de comprar sólo lo que necesitas y no te dejes llevar por las ofertas.

4. **Evita comer fuera**: Comer fuera puede ser caro, así que trata de reducir la cantidad de veces que lo haces. Cocinar en casa es una alternativa mucho más económica y saludable.

5. **Reduce los gastos de transporte**: El transporte puede ser una de las mayores fuentes de gasto. Considera caminar, andar en bicicleta o usar el transporte público en lugar de conducir tu propio coche para ahorrar dinero.

6. **Busca maneras de ahorrar en tu factura de servicios públicos**: Reducir el consumo de energía y agua en tu hogar es una manera fácil de ahorrar dinero en tus facturas de servicios públicos. Apaga las luces y desconecta los dispositivos electrónicos cuando no los estés usando y utiliza electrodomésticos eficientes en energía.

7. **No te endeudes**: Evita tomar préstamos o usar tarjetas de crédito para comprar cosas que no puedes pagar. Trata de ahorrar el dinero que necesitas antes de hacer grandes compras.

8. **Revisa tus suscripciones y membresías**: Muchas personas pagan por suscripciones y membresías que ya no usan o necesitan. Revisa tus suscripciones y cancela aquellas que no estés utilizando para ahorrar dinero.

Estas son algunas técnicas efectivas para reducir los gastos y controlar los hábitos de consumo. Prueba algunas de estas estrategias para ahorrar dinero y mejorar tus finanzas personales.

4.3. Consejos para aumentar tus ingresos y mejorar tu capacidad de ahorro

Cuando se trata de mejorar tu capacidad de ahorro, no solo se trata de reducir tus gastos y controlar tus hábitos de consumo, sino también de **encontrar maneras de aumentar tus ingresos**. Aunque pueda parecer difícil, hay varias formas en las que puedes lograrlo sin necesidad de hacer grandes cambios en tu estilo de vida o de trabajo.

Además, **aumentar tus ingresos no solo te ayudará a ahorrar más dinero**, sino que también puede mejorar tu calidad de vida y darte la oportunidad de alcanzar tus metas financieras más rápido. En esta sección, te presentamos algunos consejos sencillos y efectivos para aumentar tus ingresos y mejorar tu capacidad de ahorro. Desde pequeñas formas de generar ingresos adicionales hasta maneras más significativas de aumentar tus ingresos a largo plazo, aquí encontrarás opciones para ajustarse a tu situación personal y ayudarte a alcanzar tus objetivos financieros.

A continuación, **te presento los consejos más recomendados para aumentar tus ingresos** y mejorar tu capacidad de ahorro:

- **Vende artículos que ya no uses**: Revisa tus pertenencias y encuentra aquellos objetos que ya no necesitas. Puedes venderlos en línea o en una venta de garaje para obtener un dinero extra.

- **Realiza trabajos freelance**: Si tienes habilidades en diseño, escritura, programación u otros campos, puedes ofrecer tus servicios a través de plataformas en línea como Fiverr o Upwork.

- **Crea un blog o canal de YouTube**: Si te apasiona un tema en particular, considera la posibilidad de crear contenido y monetizarlo a través de publicidad o patrocinios.

- **Toma trabajos temporales**: Si necesitas dinero extra de manera rápida, puedes tomar trabajos temporales en eventos o tiendas, o incluso hacer repartos para aplicaciones como Uber Eats o Rappi.

- **Realiza encuestas en línea**: Hay diversas páginas que ofrecen dinero o puntos canjeables por encuestas en línea. Aunque no es una fuente de ingresos fija, puede ayudarte a obtener dinero extra de manera rápida.

- **Aprende nuevas habilidades**: Tomar cursos o aprender nuevas habilidades en línea puede aumentar tu valor en el mercado laboral y eventualmente aumentar tus ingresos.

- **Busca oportunidades de crecimiento en tu trabajo actual**: Habla con tus superiores para conocer oportunidades de crecimiento en tu trabajo actual y poder optar a un aumento de salario.

Recuerda que estos consejos son solo algunas ideas para aumentar tus ingresos. Lo importante es encontrar una fuente de ingresos adicional que se adapte a tus habilidades y necesidades financieras.

5. ¿Cómo invertir en el futuro?

El ahorro es solo una parte del camino hacia una estabilidad financiera duradera. **La inversión es otra herramienta importante para hacer crecer tu riqueza a largo plazo**. Pero, ¿cómo se puede empezar a invertir de manera efectiva? ¿Es demasiado complicado o solo para expertos financieros? En realidad, cualquiera puede aprender a invertir y hacer crecer su patrimonio. En esta sección, exploraremos los conceptos básicos de la inversión y te proporcionaremos los recursos y herramientas para empezar a invertir de manera inteligente y exitosa.

La inversión es el proceso de poner dinero en un instrumento financiero con la expectativa de obtener un beneficio futuro. La inversión es una forma poderosa de hacer crecer tu patrimonio a largo plazo, pero como cualquier herramienta financiera, viene con un cierto nivel de riesgo. Es importante comprender los riesgos asociados con cada tipo de inversión y tener un plan a largo plazo para tu cartera de inversiones.

Afortunadamente, **hay muchas opciones para invertir tu dinero**, desde el mercado de valores hasta bienes raíces y fondos de inversión. En esta sección, exploraremos las opciones de inversión más comunes y te proporcionaremos los consejos y herramientas necesarios para tomar decisiones de inversión inteligentes y lograr tus metas financieras a largo plazo.

5.1. La importancia de invertir para el futuro

Invertir en el futuro es una de las mejores decisiones que puedes tomar en cuanto a tu salud financiera se refiere. Muchas personas se centran en el presente y en sus necesidades a corto plazo, sin embargo, es importante tener una visión más amplia y pensar en el futuro. Ya sea para asegurar una jubilación cómoda, para afrontar situaciones imprevistas o para alcanzar metas a largo plazo, la inversión es una herramienta poderosa que puede ayudarte a lograr tus objetivos financieros.

La importancia de invertir radica en que te permite **hacer crecer tu dinero a través del tiempo, generando intereses y rentabilidad.** Además, te ayuda a diversificar tus ingresos, reducir riesgos y a aprovechar oportunidades de mercado. Invertir también te enseña la disciplina del ahorro, ya que requiere de un compromiso y constancia para hacer crecer tu patrimonio.

En resumen, **invertir en el futuro es una decisión inteligente** que te brinda seguridad financiera y te permite alcanzar tus metas a largo plazo. A continuación, te mostramos las mejores formas de invertir y cómo empezar a hacerlo hoy mismo.

5.2. Conceptos básicos de inversión para principiantes

Cuando se trata de invertir para el futuro, es importante tener en cuenta algunos **conceptos básicos que pueden ayudar a los principiantes** a entender mejor cómo funciona el mundo de las inversiones. En esta sección, vamos a repasar algunos de los conceptos clave que debes conocer para empezar a invertir.

- **Riesgo y rentabilidad**: En términos generales, a medida que aumenta el riesgo de una inversión, también aumenta el potencial de rentabilidad. Sin embargo, esto no siempre es cierto y es importante comprender los riesgos y las recompensas potenciales antes de tomar una decisión de inversión.

- **Diversificación**: La diversificación es una técnica utilizada por muchos inversores para reducir el riesgo al distribuir su dinero en diferentes tipos de inversiones. Esto ayuda a reducir el impacto de cualquier pérdida en una sola inversión y mejora las posibilidades de obtener ganancias a largo plazo.

- **Activos y pasivos**: Los activos son inversiones que pueden generar ingresos, como acciones o bienes raíces, mientras que los pasivos son gastos que no generan ingresos, como préstamos o deudas. Es importante entender la diferencia entre los dos y cómo pueden afectar tus finanzas personales.

- **Intereses y dividendos**: Los intereses son los pagos que se realizan por un préstamo o una inversión, mientras que los dividendos son las ganancias que se obtienen por la propiedad de acciones. Es importante entender cómo funcionan estos conceptos para elegir la mejor inversión para tus necesidades.

- **Comisiones y tarifas**: Muchas inversiones implican comisiones y tarifas, que pueden reducir tus ganancias. Es importante comprender cómo funcionan estas tarifas y considerarlas al tomar una decisión de inversión.

Estos son solo algunos de los conceptos básicos que debes conocer al invertir para el futuro. Al comprender estos términos, **podrás tomar decisiones más informadas sobre tus inversiones** y aumentar tus posibilidades de éxito a largo plazo.

5.3. Las mejores opciones de inversión para los millennials

Una vez que has comprendido la importancia de invertir en el futuro y los conceptos básicos de inversión, es el momento de elegir las mejores opciones de inversión para ti. **Los millennials tienen una gran ventaja sobre otras**

generaciones: tienen más tiempo para invertir y beneficiarse del interés compuesto. Además, esta generación tiene una mayor tendencia a buscar alternativas de inversión que les permitan un mayor control y acceso a la información.

En este apartado, **te presentamos las mejores opciones de inversión para los millennials**. Hablaremos sobre inversiones en el mercado de valores, fondos de inversión, criptomonedas, bienes raíces, entre otras opciones. Es importante mencionar que cada opción de inversión tiene sus propias ventajas y desventajas, por lo que es importante hacer una investigación exhaustiva antes de invertir.

Recuerda que, como millennial, tienes **una gran oportunidad de invertir a largo plazo** y beneficiarte del interés compuesto, lo que significa que cuanto antes comiences a invertir, mayores serán tus ganancias.

Hemos redacto **las mejores opciones de inversión para los millennials** que buscan invertir en su futuro financiero.

1. **Fondos de inversión indexados**: Los fondos de inversión indexados son una excelente opción para los millennials que buscan invertir en el mercado de valores sin tener que hacer un seguimiento constante de las acciones individuales. Estos fondos invierten en un índice de referencia, como el S&P 500, y ofrecen una exposición diversificada a las empresas que componen el índice. Además, suelen tener tasas de gestión bajas en comparación con otros fondos activos.

2. **Crowdfunding inmobiliario**: El crowdfunding inmobiliario es una forma relativamente nueva de invertir en bienes raíces. En lugar de comprar

una propiedad por sí solo, los inversores pueden unirse a otros y financiar un proyecto juntos. Esto permite a los millennials invertir en el mercado inmobiliario con menos capital inicial y sin tener que preocuparse por la gestión del inmueble. Hay varias plataformas de crowdfunding inmobiliario en línea que ofrecen oportunidades de inversión.

3. **Criptomonedas**: Las criptomonedas, como Bitcoin, Ethereum y Litecoin, han ganado popularidad en los últimos años como una forma alternativa de inversión. Aunque son más volátiles que otras opciones de inversión, algunas personas consideran que las criptomonedas son una inversión a largo plazo. Los millennials a menudo son más propensos a invertir en criptomonedas que otras generaciones, y esto puede deberse a su conocimiento y experiencia en tecnología.

4. **Ahorro para la jubilación**: Aunque no es técnicamente una inversión, ahorrar para la jubilación es una de las formas más importantes en que los millennials pueden invertir en su futuro financiero. La mayoría de los millennials tienen acceso a planes de jubilación patrocinados por el empleador, como 401 (k) o IRA. Incluso si solo puede ahorrar un pequeño porcentaje de sus ingresos, el interés compuesto y el tiempo pueden hacer una gran diferencia en su cuenta de jubilación a largo plazo.

5. **Educación financiera**: Por último, pero no menos importante, la educación financiera es una forma crucial de inversión en su futuro financiero. Aprender sobre finanzas personales, inversiones y planificación financiera puede ayudar a los millennials a tomar decisiones informadas y estratégicas en el futuro. Hay muchas herramientas y

recursos disponibles en línea, desde blogs y podcasts hasta cursos en línea y libros.

Estas son solo algunas de las mejores opciones de inversión para los millennials. Es importante recordar que **cada inversor tiene diferentes objetivos, plazos y tolerancias al riesgo**, por lo que es importante hacer su propia investigación antes de tomar una decisión de inversión.

6. ¿Cómo salir de deudas?

Salir de deudas puede ser un desafío agobiante especialmente si tienes múltiples préstamos y tarjetas de crédito con altas tasas de interés. Sin embargo, **es importante tomar el control de tus finanzas personales** y establecer un plan para pagar tus deudas.

Para empezar, es fundamental comprender que salir de deudas no es una solución mágica que sucede de la noche a la mañana. **Es un proceso que requiere paciencia, disciplina y compromiso**. No hay una fórmula única que funcione para todos, ya que cada situación financiera es única. Pero lo que sí es cierto es que cuanto antes empieces a tomar medidas para pagar tus deudas, más rápido podrás alcanzar la libertad financiera.

En este capítulo, **te proporcionaremos consejos prácticos y efectivos para ayudarte a salir de tus deudas**. Desde técnicas de reducción de gastos hasta estrategias para aumentar tus ingresos, abordaremos diferentes aspectos que te ayudarán a superar esta situación. Recuerda que el primer paso para salir de deudas es tomar acción, así que sigue leyendo y comienza a tomar el control de tu futuro financiero.

6.1. ¿Cómo elaborar un plan de pago de deudas efectivo?

Si estás atravesando una situación de deudas acumuladas, lo primero que debes hacer es respirar profundo y no desesperarte. Tener una estrategia de pago efectiva es fundamental para salir de este abismo financiero. Aquí te presentamos **algunas claves para elaborar un plan de pago de deudas efectivo**:

1. **Conoce tus deudas**: Lo primero que debes hacer es hacer una lista detallada de todas tus deudas, incluyendo la cantidad que debes, las

tasas de interés y los plazos de pago. Es importante tener una visión clara y completa de la situación para poder diseñar una estrategia adecuada.

2. **Prioriza tus deudas**: Una vez que tengas una lista completa de tus deudas, es importante que las priorices. Puedes hacerlo de varias maneras, pero una buena opción es empezar por aquellas deudas con las tasas de interés más altas, ya que son las que generan mayores costos a largo plazo.

3. **Diseña un plan de pago**: Una vez que tienes claro cuánto debes y a quién, es hora de diseñar un plan de pago. Esto implica definir un presupuesto que te permita destinar una cantidad fija cada mes al pago de tus deudas. Trata de ser realista y establecer metas alcanzables.

4. **Negocia con tus acreedores**: Si no puedes cumplir con los pagos establecidos en tus deudas, no dudes en contactar a tus acreedores para negociar una reestructuración de la deuda o un plan de pago más flexible. La mayoría de los acreedores están dispuestos a llegar a un acuerdo si demuestras tu compromiso de pago.

5. **Evita incurrir en más deudas**: Una vez que hayas diseñado un plan de pago, es fundamental que evites incurrir en más deudas. Trata de ajustar tus gastos y ahorrar para evitar nuevas deudas y cumplir con los pagos establecidos en tu plan.

Siguiendo estas claves, podrás diseñar un plan de pago de deudas efectivo y salir de este difícil momento financiero. **Recuerda que no estás solo y siempre puedes buscar ayuda de un experto si lo necesitas.**

6.2. Estrategias para reducir tus deudas y evitar acumular más

Reducir tus deudas y evitar acumular más puede parecer una tarea abrumadora, pero hay varias estrategias que pueden ayudarte a lograrlo. La clave es ser proactivo y tener un plan bien definido.

En primer lugar, **debes identificar todas tus deudas y hacer una lista de las mismas**, incluyendo la cantidad que debes y las tasas de interés correspondientes. Prioriza las deudas con las tasas de interés más altas, ya que estas son las que te costarán más en intereses a largo plazo.

Una estrategia comúnmente utilizada es **la técnica de "bola de nieve"**, donde te enfocas en pagar primero la deuda más pequeña, mientras realizas pagos mínimos en el resto de las deudas. Una vez que pagas la deuda más pequeña, te enfocas en la siguiente deuda más pequeña, y así sucesivamente. Este método puede darte un sentido de logro y motivación al ir eliminando deudas de manera progresiva.

Otra estrategia es la técnica de "avalancha", donde te enfocas en pagar primero la deuda con la tasa de interés más alta, mientras realizas pagos mínimos en las demás deudas. Al eliminar la deuda con la tasa de interés más alta, puedes ahorrar en intereses y dirigir más dinero hacia la siguiente deuda.

Además, **puedes considerar la consolidación de deudas**, donde tomas un préstamo con una tasa de interés más baja para pagar todas tus deudas existentes. Esto te permite simplificar el proceso de pago de deudas y a menudo resulta en pagos mensuales más bajos.

Finalmente, **es importante evitar acumular más deudas**. Esto significa vivir dentro de tus posibilidades, establecer un presupuesto y reducir gastos innecesarios. Si necesitas hacer compras importantes, considera ahorrar para ellas en lugar de financiarlas con crédito.

Siguiendo estas estrategias, **podrás reducir tus deudas y evitar acumular más**, logrando una mayor estabilidad financiera y reduciendo el estrés asociado con las deudas.

6.3. Consejos para mejorar tu historial crediticio

El historial crediticio es una de las cosas más importantes que debes cuidar cuando se trata de tus finanzas personales. **Un buen historial crediticio te permite acceder a mejores condiciones de préstamos y créditos**, lo que puede significar ahorros significativos a largo plazo. Sin embargo, si tienes un historial crediticio deficiente, puede resultar difícil obtener financiamiento o préstamos para realizar inversiones importantes.

Para mejorar tu historial crediticio, es importante que empieces por establecer un plan de pago para tus deudas existentes. **Asegúrate de hacer tus pagos a tiempo** y, si es posible, trata de pagar más que la cantidad mínima requerida cada mes. Esto no solo te ayudará a pagar tus deudas más rápido, sino que también demostrará a los prestamistas que eres responsable y confiable.

Otro consejo importante para mejorar tu historial crediticio es **limitar tus solicitudes de crédito**. Cada vez que solicitas un préstamo o una tarjeta de crédito, se realiza una revisión de tu historial crediticio, lo que puede afectar negativamente tu puntaje. Por lo tanto, es importante que solo solicites crédito cuando sea absolutamente necesario.

Además, es importante que mantengas un **equilibrio adecuado entre el crédito disponible y el crédito utilizado**. Trata de mantener tu saldo de crédito por debajo del 30% de tu límite de crédito total. Esto muestra a los prestamistas que eres capaz de administrar tus finanzas de manera efectiva y responsable.

Finalmente, es importante que revises regularmente tu historial crediticio y asegurarte de que **todas las entradas sean precisas y estén actualizadas**. Si encuentras errores, es importante que los corrijas lo antes posible para evitar problemas futuros.

Siguiendo estos consejos y trabajando para mejorar tu historial crediticio, podrás **acceder a mejores condiciones de financiamiento y préstamos**, lo que puede hacer una gran diferencia en tu capacidad para alcanzar tus objetivos financieros a largo plazo.

7. ¿Cómo proteger tus finanzas personales?

La protección de nuestras finanzas personales es algo que debería estar en la mente de todos, ya que los riesgos que se presentan son muchos y variados. El mundo en el que vivimos está en constante cambio, y con la tecnología avanzando a un ritmo acelerado, **las amenazas a nuestra seguridad financiera pueden parecer cada vez más intimidantes.** Sin embargo, no hay necesidad de alarmarse. Con un poco de conocimiento y algunas prácticas simples, puedes tomar medidas para proteger tus finanzas personales y mantener tu dinero a salvo.

Una de las primeras cosas que debes hacer para proteger tus finanzas personales es ser consciente de las amenazas que existen. **Los estafadores y los hackers están siempre buscando maneras de obtener información personal y financiera**, ya sea a través de correos electrónicos fraudulentos, sitios web falsos o programas maliciosos. Es importante mantenerse informado sobre estas amenazas y tomar medidas para evitarlas.

7.1. ¿Cómo protegerte del fraude y el robo de identidad?

La seguridad financiera personal es uno de los aspectos más importantes que cualquier persona debe considerar. Desafortunadamente, el fraude y el robo de identidad son cada vez más comunes y pueden poner en riesgo tus finanzas y tu tranquilidad mental. Es por eso que **es importante tomar medidas para proteger tus finanzas personales.**

Una de las mayores amenazas para tus finanzas personales es **el fraude y el robo de identidad**. Los delincuentes pueden obtener tu información personal, como tu número de Seguro Social o información de tu tarjeta de crédito, y utilizarla para abrir cuentas de crédito o realizar compras fraudulentas en tu nombre. Por lo tanto, es crucial tomar medidas para evitar que esto suceda.

Una de las maneras más efectivas de proteger tus finanzas personales es **monitorear regularmente tus cuentas financieras y tu historial crediticio**. Revisa tus estados de cuenta bancarios y de tarjetas de crédito en busca de transacciones sospechosas o no autorizadas. También puedes obtener una copia gratuita de tu informe de crédito anualmente y revisar tu historial de crédito en busca de cuentas desconocidas o actividades fraudulentas.

Además, es importante tener cuidado al compartir información personal en línea o por teléfono. **Nunca compartas tu información financiera o personal** con alguien que no conozcas o que no sea de confianza. También debes tener precaución al hacer clic en enlaces desconocidos o descargar archivos adjuntos de correos electrónicos sospechosos.

Por último, considera utilizar medidas de seguridad adicionales, como **contraseñas fuertes y autenticación de dos factores**, para proteger tus cuentas financieras y evitar que los delincuentes puedan acceder a ellas.

Tomar medidas para proteger tus finanzas personales puede parecer abrumador al principio, pero es importante recordar que cada pequeña acción puede hacer una gran diferencia. Al seguir estos consejos y mantener una actitud vigilante, puedes **proteger tus finanzas personales y evitar caer en las garras del fraude y el robo de identidad.**

7.2. ¿Cómo gestionar tus cuentas y tarjetas de crédito de forma segura?

Gestionar tus cuentas y tarjetas de crédito de forma segura es crucial para proteger tus finanzas personales. A continuación, te presentamos **algunos consejos** para hacerlo:

1. **Utiliza contraseñas seguras**: Asegúrate de crear contraseñas seguras y únicas para cada una de tus cuentas y tarjetas de crédito. Evita utilizar información personal fácil de adivinar, como tu fecha de nacimiento o nombre completo.

2. **No compartas tu información financiera**: Nunca compartas información financiera, como tus números de cuenta o tarjeta de crédito, a través de correos electrónicos no seguros o llamadas telefónicas no solicitadas.

3. **Revisa regularmente tus transacciones**: Revisa regularmente tus transacciones y extractos bancarios para detectar posibles cargos no autorizados. Si encuentras algún cargo sospechoso, comunícate de inmediato con tu banco o emisor de tarjeta de crédito.

4. **Utiliza la autenticación de dos factores**: Muchos bancos y emisores de tarjetas de crédito ofrecen autenticación de dos factores para asegurar aún más tus cuentas. Asegúrate de habilitar esta opción en todas tus cuentas financieras.

5. **Usa sitios web seguros**: Asegúrate de que los sitios web que utilizas para realizar transacciones financieras sean seguros. Verifica que tengan un candado en la barra de direcciones y que la dirección comience con "https".

Siguiendo estos consejos, podrás gestionar tus cuentas y tarjetas de crédito de forma segura y proteger tus finanzas personales. **Recuerda que la seguridad es una responsabilidad compartida entre tú y tus instituciones financieras**, así que siempre mantente informado y toma medidas proactivas para proteger tus finanzas.

7.3. ¿Cómo proteger tus ahorros e inversiones?

Proteger nuestros ahorros e inversiones es esencial para mantener nuestra estabilidad financiera a largo plazo. Aunque siempre existe un riesgo inherente en cualquier inversión, existen formas de minimizarlo y asegurarnos de que nuestro dinero esté protegido.

En primer lugar, **es importante diversificar nuestras inversiones**. No deberíamos invertir todo nuestro dinero en una sola empresa o sector, sino que deberíamos distribuirlo en diferentes tipos de activos, como acciones, bonos, fondos de inversión y bienes raíces. Esto reduce el riesgo de pérdidas significativas en caso de que un sector en particular se desplome.

Otro aspecto importante es **elegir una institución financiera confiable y segura para depositar nuestros ahorros e inversiones**. Podemos investigar y comparar las opciones disponibles para encontrar una que nos brinde la mejor protección, ya sea a través de un seguro de depósito o de un fondo de protección de inversiones.

Además, debemos estar **atentos a las señales de alerta y evitar esquemas de inversión fraudulentos** que prometen grandes retornos sin esfuerzo. Si algo parece demasiado bueno para ser verdad, probablemente lo sea.

Por último, **es importante revisar regularmente nuestras inversiones y ajustar nuestra cartera** de acuerdo con nuestras necesidades y objetivos. Esto puede implicar vender algunas inversiones y comprar otras nuevas para mantener un equilibrio adecuado y evitar pérdidas innecesarias.

En resumen, proteger nuestros ahorros e inversiones implica diversificar, elegir una institución financiera confiable, evitar fraudes y esquemas de inversión fraudulentos, y revisar regularmente nuestras inversiones. Con estas precauciones, **podemos minimizar los riesgos** y asegurarnos de que nuestro dinero esté protegido a largo plazo.

8. Conclusiones

¡Llegamos al final de nuestro ebook sobre finanzas personales para millennials! Esperamos que haya sido **una lectura útil y enriquecedora para ti**. A lo largo de este ebook, hemos explorado diversos temas relacionados con el manejo de las finanzas personales, desde la importancia del ahorro y la inversión, hasta estrategias para reducir las deudas y proteger nuestras finanzas.

En las siguientes secciones, te presentamos **las conclusiones más relevantes de cada una de las áreas** que hemos abordado, junto con algunos consejos adicionales que te ayudarán a poner en práctica lo aprendido y a tomar el control de tus finanzas personales. ¡No te los pierdas!

8.1. Resumen de las principales lecciones aprendidas

A continuación, se presenta **un resumen de las principales lecciones aprendidas** en este ebook:

1. **La importancia del ahorro**: Ahorrar es esencial para tener una estabilidad financiera a largo plazo. Es importante establecer objetivos financieros claros y elaborar un presupuesto realista para poder ahorrar de forma efectiva.

2. **La necesidad de controlar los gastos**: Es fundamental tener control sobre los gastos para poder maximizar los ahorros. Se pueden emplear diversas técnicas para reducir los gastos, como la elaboración de un presupuesto, la reducción de deudas, la consolidación de préstamos, entre otros.

3. **La importancia de aumentar los ingresos**: Es recomendable buscar oportunidades para aumentar los ingresos, como la realización de trabajos extra o la búsqueda de inversiones. También es importante

explorar nuevas habilidades y conocimientos que puedan mejorar la posición en el mercado laboral.

4. **Conceptos básicos de inversión**: Es necesario conocer los conceptos básicos de inversión, como el riesgo, el rendimiento y la diversificación, para poder tomar decisiones informadas. Se pueden explorar diversas opciones de inversión para encontrar la más adecuada para cada persona.

5. **Las mejores opciones de inversión para los millennials**: Los millennials pueden optar por opciones de inversión como los fondos indexados, los bonos del Tesoro, las criptomonedas y los bienes raíces, entre otros. Es importante hacer una investigación previa para encontrar las opciones más adecuadas.

6. **Estrategias para reducir deudas**: Es importante elaborar un plan de pago de deudas efectivo para reducir las deudas. Se pueden explorar diversas estrategias, como la consolidación de deudas, la transferencia de saldos y el aumento de pagos.

7. **Cómo proteger tus finanzas personales**: Es fundamental proteger las finanzas personales contra el fraude y el robo de identidad. Se pueden tomar medidas de seguridad, como el monitoreo de cuentas y el uso de contraseñas seguras, para evitar estos riesgos.

Estas son solo algunas de las lecciones aprendidas en este ebook, pero sin duda son claves para tener una vida financiera sana y próspera.

8.2. Consejos finales y recursos útiles

Para finalizar, me gustaría ofrecer **algunos consejos finales y recursos útiles** para ayudarte a seguir mejorando tus finanzas personales:

1. **Continúa educándote**: Nunca dejes de aprender sobre finanzas personales. Hay muchos recursos disponibles en línea, libros, blogs y podcasts que pueden ayudarte a profundizar en temas específicos. Invierte tiempo en leer y aprender para mejorar tus habilidades financieras.

2. **Automatiza tus finanzas**: Una manera fácil de mejorar tus finanzas es automatizar tus pagos y ahorros. Configura transferencias automáticas para pagar tus facturas y ahorra una porción de tus ingresos automáticamente. De esta manera, nunca te olvidarás de pagar tus facturas y estarás ahorrando sin esfuerzo.

3. **Sé proactivo en la gestión de tus finanzas**: No esperes hasta que algo salga mal para comenzar a preocuparte por tus finanzas. Sé proactivo y mantén un ojo en tus cuentas bancarias, tu presupuesto y tus inversiones.

4. **Usa herramientas financieras**: Hay muchas herramientas financieras disponibles que pueden ayudarte a administrar mejor tus finanzas. Desde aplicaciones de presupuesto hasta plataformas de inversión, encuentra las herramientas que mejor se adapten a tus necesidades y úsalas para tu beneficio. Por ejemplo, Mint o Personal Capital.

5. **Consulta con un asesor financiero**: Si necesitas ayuda para manejar tus finanzas personales, considera trabajar con un asesor financiero. Un

asesor financiero puede ayudarte a crear un plan financiero sólido y ofrecerte consejos personalizados basados en tus objetivos financieros.

En cuanto a recursos útiles, hay muchas opciones disponibles en línea para ayudarte a mejorar tus finanzas personales. Aquí hay algunas que recomiendo:

- El sitio web de la **Comisión Nacional para la Protección y Defensa de los Usuarios de Servicios Financieros** (CONDUSEF) para México.
- El sitio web de la **Comisión Nacional del Mercado de Valores** (CNMV) para España.
- El sitio web de la **Comisión de Bolsa y Valores** (SEC) para Estados Unidos.
- El sitio web de la **Asociación de Bancos de México** (ABM).
- El sitio web de la **Asociación Española de Banca** (AEB).
- El sitio web de la **Organización para la Cooperación y el Desarrollo Económicos** (OCDE), que ofrece estadísticas e informes sobre las finanzas personales en diferentes países.
- El sitio web de la **Comisión Europea**, que ofrece información sobre finanzas personales y políticas financieras en la Unión Europea.

Espero que estos consejos y recursos útiles te sean de ayuda para mejorar tus finanzas personales y alcanzar tus objetivos financieros. **¡Mucho éxito!**

www.ingramcontent.com/pod-product-compliance
Lightning Source LLC
Chambersburg PA
CBHW070758220526
45467CB00014B/759